D1928144

ROSEMARIE DOMS

Im *Garten* meiner *Kindheit*

Eine Erzählung

Jan Thorbecke Verlag

Es gibt ihn noch, den alten Garten meiner Kindheit, und es wird ihn weiter geben, auch über mein Leben hinaus. Viele Menschen zogen im Laufe der Jahre an ihm vorbei, beachteten ihn nicht, kehrten wieder zurück und wunderten sich. Er lag als letztes schmales Grundstück auf einem verlassenen Weinberghügel hoch über der Stadt und schaute auf den gegenüberliegenden Friedhof, jenseits des Tales. Hinter ihm begann der Wald mit seinen hohen Buchen und Tannen, die schon ihre knotigen Wurzeln ausstreckten, um ihn zurückzuholen. Noch stemmte sich der alte Zaun dagegen, in dessen löchriges Gitterwerk sich Brommbeerranken geschoben hatten, die ihm mit ihrem dornigen Geflecht die verlorene Festigkeit zurückgaben.
¶ Das vom Rost dunkelrot gebrannte Gartentor mit seinen verschlungenen Stäben und geschmiedeten Verzierungen glich einer abgelegten Rüstung, wenn die späten Sonnenstrahlen darüber zitterten. Gleichzeitig verlockte die geschwungene Zierlichkeit seiner offenen

Bögen dazu, die Nase hindurchzustecken und den Duft von Rosenblüten und wild wuchernden Lavendelblüten einzuziehen. Das alte, von Wind und Sturm schon etwas nach innen gedrückte Tor war mit Eisenbändern in die noch erhaltene Weinbergmauer eingelassen, die sich in trotziger Verlässlichkeit, durch kein Lot, kein Winkelmaß zu lebloser Gleichheit gebändigt, in ihrer ganzen Buckligkeit steil aufrichtete und dem Hang ein stützendes Gerüst gab. Ihre unbehauenen, unregelmäßigen Steinbrocken und Quader, ohne Mörtel aufeinander geschichtet, hielten sich gegenseitig und trugen sich aus eigener Kraft.
¶ Jeder der Steine war einmalig, es gab keine Wiederkehr oder ermüdende Wiederholung, ein jeder der Rohlinge war von anderer Größe und Gestalt, zeigte ein anderes Gesicht, eine andere Lebensgeschichte. Ihre graue Oberfläche war geraut und mit seltsamen reliefartigen Erhebungen überzogen. Oft glichen sie einer alten Landkarte für Entdeckungsreisen und Seefahrten in vergangene Zeiten der Erdgeschichte, und oft habe ich ihre Berge und Krater mit meinen Fingern bereist. Aus den Fugen und Ritzen zwischen den Mauersteinen, die mit Erdkrumen, Flugstaub und Sandkörnern gefüllt waren, streckten sich blasse, geknickte Grashalme und winzige,

zart gefiederte Adlerfarne ans Sonnenlicht und warfen zaghafte Schatten auf die Mauer. Ihre Kümmerlichkeit grenzte sie ab gegen rundliche samtartige Polster von grüngolden glänzendem Moos und die vielen schiefergrauen, schilftrockenen Flechten, die wie durchbrochene Rosetten oder kostbare Spitzentücher auf der Mauer ausgelegt waren. Andere ihrer Gewächse wirkten in ihrer Farbe und Form wie unversehrte Siegel auf einer geheimnisvollen Verheißung. Die in den Steinen eingeschlossenen Muschelsplitter, winzigen Quarzkristalle und Bruchstücke von Schneckengehäusen verlockten mich immer, sie herauszubrechen und verwundeten mir oft die Hände.

¶ An sonnendurchleuchteten Tagen und in warmen Nächten öffnete die Mauer all ihre Poren und versteckten Kammern ganz weit, um die Wärme einzuatmen und zu speichern. Manchmal huschten goldschillernde Smaragdeidechsen über die besonnten Steine oder graue Schneckenleiber mit ausgestreckten Fühlern so lang wie Beine und geringelten Spiralen auf ihren Dachgehäusen beklebten kriechend mit ihren schleimigen Strichen und Spuren die gewölbte Mauer, die mich an ausgetretenes Kopfsteinpflaster erinnerte. Diese alte, belebte Mauer war für mich aber auch wie ein Hort und Zeuge zugleich für die vorüberziehende Zeit, die ihre Zeichen in die Steine ritzte, damit die Mauer sie fassen und halten konnte, um das brüchige Band zwischen gewesenen und künftigen Stunden weiterzuflechten.

¶ Das alte, verrostete Gartentor war im Laufe der wiederkehrenden Jahre schon leicht eingesunken, hielt aber trotzdem wie ein getreuer Wächter allen Versuchen, unbefugt einzudringen, ohne nachzulassen stand. Nur wenn man den langen Eisenschlüssel, dessen Größe und Gewicht jeden Besucher daran hinderte, ihn jemals zu vergessen, in das kastenförmige Schloss steckte und wie bei einer alten Drehorgel langsam mit dem Gefühl einer behäbigen Zufriedenheit umdrehte, ließ sich die Türe öffnen. Mir war es immer, als ob alles Gewicht vergangener Zeiten sich in seine Mächtigkeit zurückgezogen hätte. Beim Aufschließen konnte ich wie bei einer alten Uhr mit meinen Fingern die Zeiger der Zeit verstellen, um einmal durch alle vergangenen und zukünftigen Stunden zu eilen, Anfang und Ende in einer kreisenden Bewegung zu verbinden. In meinen Kindertagen befiel mich aber auch oft eine scheue Furcht vor ihm, eine leise Angst, ihn zu berühren, über die ich mit niemandem sprechen konnte oder durfte. Er verwandelte sich in den großen Schlüssel von Petrus, dem himmlischen Torhüter mit seiner Verstoßungsgewalt und den geheimen Riten der Bestrafung. Wenn aber mit dem ausgestanzten Muster seines langen, gewellten Bartes aufgeschlossen wurde, holte mich das schleppende Scheppern, Ächzen und Knarren des verrosteten Türschlosses wieder zurück in die warme und lebendige Wirklichkeit der Gegenwart.

¶ Die kerzengerade emporsteigende, schmalbrüstig enge Treppe wurde durch halbhohe seitliche Stützmauern aus unbehauenen Steinen wie von einem unsichtbaren Korsett noch weiter eingeschnürt, so dass die ausgetretenen, mit Moossitzen gefüllten Stufen immer nur von einem Menschen behutsam betreten werden konnten.

Überhängende Halme von welkem Gras und widerständige Stängel von gelbknöpfigem Rainfarn verengten sie noch mehr, dass man wie durch einen spaltartigen Schacht sich zum überwölbenden Himmel durchschlängeln musste. Oft schien es mir auch, als stiege ich in einem offenen Turm Stufe für Stufe hoch bis zu den Wolken am Horizont. Ich liebte diesen schlauchartigen Aufgang, der trotz oder gerade wegen seiner Beengung eine schützende Geborgenheit erzeugte, als ob er mich in seine Arme schließen und so sicher und stetig nach oben in die versprochene Freiheit tragen würde. Diese steile Stiege, fast versunken in ihrer Verwachsung, teilte in bedingungsloser Selbstverständlichkeit den Garten in zwei unterschiedlich gestaltete Hälften, die nicht mehr zusammenfinden konnten. Die alte Treppe, welche die fast symmetrisch aufgeteilten Seiten trennte, war aber inzwischen so zugewachsen, dass sie wie eine Naht von einer verheilten Narbe erschien, welche das Getrennte wieder zusammenfügen wollte.

Wenn ich auf einer der Treppenstufen stand, war es, als ob an diesem Ort in diesem Augenblick Tag und Nacht, das Lebendige und das Tote, das Innere und das Äußere wieder zueinander fänden. Bei jedem kleinen Schritt und vorsichtigem Tritt auf die schiefen und verschieden hohen, manchmal auch schon wackligen Stufen, entfaltete sich die ganze üppige Schönheit und übervolle Lebendigkeit der im Laufe der Jahre immer mehr sich selbst überlassenen Natur zu einer verlockenden Tiefe, die kaum mehr zu durchschauen war. Die alten Zauberwesen und Faune, Klingsor, Merlin oder gar der alte Gott Pan, hatten sich in diesen Garten zurückgezogen, um ihren ewigen Traum vom Blühen und Vergehen weiterzuträumen unter einem mit Wohlgeruch gesalbten, mit Blütenduft getränkten Schleier aus Vergessen und Vergänglichkeit.

¶ Beide Gartenflügel waren in mehrere, verschieden hohe Terrassenstufen aufgeteilt, die von niedrigen Mäuerchen gestützt und zum weiteren Halt von niedrigen Buchsbaumrabatten eingefasst wurden, um die sich ein schmaler Rand von Kieselsteinen zog wie ein lockeres Band von ausgebleichten Knochen. Wenn das Sonnenlicht über sie strich, konnte ich manchmal Buchstaben vom Alphabet auf ihnen erkennen.

¶ Die linke Gartenseite unterschied sich von der rechten nur durch Bewuchs und Bepflanzung. Während rechts verwilderte Baumriesen bis in den Himmel wuchsen, war die andere Seite eine baumlose, blühende Wiese.

Trotz dieses Unterschiedes bestand ein Gleichgewicht der beiden Hälften durch die Offenheit zum unmittelbar angrenzenden Wald, der die beiden Gartenflügel zu einer harmonischen Gestalt ergänzte. Beide Seiten zogen sich in übereinander gelagerten Terrassenfeldern stufenartig weiter hoch, streckten sich ungehindert nach oben aus und schauten nur auf den gegenüberliegenden Hang mit seinem alten Friedhof. Die Unbegrenztheit des beständigen Himmels und die Vergänglichkeit der Gräber begegneten sich in diesem geheimen Garten als die Grenzen der Ferne. Die baumlose Gartenseite war wie ein grüner Teppich, dessen wuchernde Fülle an den Rändern eingegrenzt wurde von dornigem Brombeergestrüpp und einer blühenden Hecke von Weißdorn, in der sich die kugeligen und topfigen Nester von Amsel und Buchfink, Rotkehlchen und Zaunkönig versteckten. Vor ihr wuchs ein kleiner Wall von Brennnesselstauden, die sich im Laufe des Jahres immer mehr durchsetzten, bis ein eisiger

Winter sie niederstreckte. Doch im nächsten Frühjahr begann der ungleiche Kampf von Stärke und Schwäche wieder aufs Neue. Während die wilden Blumen sich selbst aussäten, wenn der Wind die aus den Kapseln und Hüllen ausgestoßenen Samen inselartig ausbreitete, waren die Brombeerranken ganz in sich selbst verschlungen und bildeten einen stacheligen Verhau, der sich wie eine trotzende Wehrmauer gebärdete, um die süßen, schwarzen Beerenfrüchte zu verteidigen, wenn sie sich im einfallenden Sonnenlicht rundeten und wie große Tintenkleckse glänzten zwischen den rötlich angehauchten Blättern mit der silbergrau schimmernden Unterseite. Wenn der Sommerwind stärker wehte, wirbelte er die schwarzen Samenpünktchen des wilden Mohns, der im dunkelroten Kardinalsmantel aufleuchtete, über die ganze Wiese. Sobald die gelben Sonnenräder des Löwenzahns verblüht waren, hob der Wind seine Samenschirmchen aus dem Blütenkorb, die sich wie Fallschirmspringer durch die Luft tragen ließen, bevor sie sacht zu Boden segelten. War aber kein Windhauch zu spüren, zitterten nur die schmetterlingszarten, nie stille stehenden Glockenhäubchen der blauen Blume leise und verführerisch, und die weißen und gelben Blütenzungen, welche die winzigen Sonnenscheiben von Gänseblümchen, Margeriten und Kamille umkränzten, fielen nur zögernd und sanft zu Boden, wenn sie verwelkt waren. Am auffälligsten aber war, dass die Samen und Sprösslinge, die von den alten Bäumen auf der anderen Seite ausgesandt wurden, es nie wagten sich auszuwachsen. Es herrschte ein stilles Einverständnis,

dass diese Zurücknahme einzuhalten war, als eine innere Notwendigkeit gegenüber dem Größeren, gegenüber den Gesetzen des sich nähernden Waldes.

¶ Die mittlere Terrasse war einstmals mit edlen Rosenstöcken geschmückt, da es aber mit der Zeit ein unbeschnittener Naturgarten geworden war, der nur vom Regenwasser lebte, waren die meisten von ihnen abgestorben, weiße und rosafarbige Heckenrosen hatten sich ausgebreitet, die den steinernen Sitzplatz wie ein Dach überwölbten und in ihren zarten Duft hüllten. Wenn die Rosen verblüht waren und auf dem moosigen, grünschattierten Boden ihre Muster aus rosafarbigen und weißen Blütenblättchen ausstreuten, drängte sich der Würzgeruch des darüberliegenden Kräutergartens stärker hervor.

¶ In einer verborgenen Ecke, unter Rosen und Dornenzweigen versteckt, stand eine längst schon vergessene, von Grünspan überzogene Messingstatue einer weiblichen Figur mit zu Locken verschlungenen und zu Zöpfen gewundenen Haaren in durchsichtigem Gewand, die eine muschelartige Schale für Blumen in den erhobenen Händen hielt. Wenn es regnete, sammelte sich in ihrer Schale das Wasser zu einem dunklen Spiegel, und abends, wenn die Dämmerung sich über den Garten legte, war sie eine Quellnymphe, die nach ihrem Echo rief. Am Tage aber wurde sie von trinkenden und badenden Vögeln bespritzt, die mit ihrem Gefieder das Wasser zerteilten, es tropfenweise schluckten oder aus ihren Federn schüttelten, so dass die Wassertröpfchen schillerten und wie kleine Seifenblasen zerplatzten. Wenn die Sonne das

Wasser ausgetrocknet hatte, füllte sich die Schale mit Staub. Die Tiere vergaßen sie wie die Menschen – oder war es die Zeit, aus deren Gitter sie schon lange gefallen war, nachdem ihre Rufe ungehört verhallten? Oder war sie nur in eine andere Zeit entwichen, die sie wie in einem kostbaren Schrein in immerwährender Glückseligkeit bewahrte für alle Zeiten? Besonders aber liebte ich sie, wenn ihre Muschel bis zum Rand übervoll gefüllt war, so dass ein durchsichtiger Tropfenschleier sich bildete, sich um ihren metallenen Leib legte, ihn befeuchtete und golden aufleuchten ließ. Es war mir immer so, als würde sie als lebensspendende Liebesgöttin die Statue der Todesgöttin, die mit emporgehaltener Tränenschale am Eingang der Trauerhalle des gegenüberliegenden Friedhofs

stand, schwesterlich verbunden grüßen und mit ihr sich innig vereinen, um den Tod aus dem Leben zu gebären. Manchmal spürte ich, wie der Garten, der ein letztes Geschenk meines Vaters war, sich immer weiter ausdehnte und wie ein Regenbogen das ganze Tal überspannte bis zu dem Hügel gegenüber mit dem stillen Grab.

¶ Auf der nächsten, etwas höher gelegenen Terrassenstufe lag ein Kräutergärtchen, auf dem würzige Wildkräuter, Thymian, Oregano, Majoran und Minze, vor allem aber Lavendelblüten in dunkelblauen Kissen sich ausgebreitet hatten, die in duftender Dichte den ganzen Wohlgeruch arabischer Märkte wie in einem orientalischen Märchen entfalteten und über den Garten aussandten.

¶ Auf der alleroberstenTerrasse stand auf einer Wiese mit verdorrtem Gras, silbrig glänzenden Disteln und einem ganzen Meer von leeren, ausgehungerten Schneckengehäusen – Winterskelette, mit denen ich

wundervoll spielen konnte – meine alte Kinderschaukel, die noch immer vor und zurück schwang und mit der man bis in den Himmel fliegen konnte.

¶ Oft saß ich sinnend auf dem etwas gewölbten hölzernen Brett der alten Schaukel. Mit leicht angewinkelten Armen hielten meine Hände sich an den beiden Seilen fest, und so in die Schaukel hinein gekauert, fühlte ich mich wie ein kleiner Vogel, der mit gespreizten Flügeln sich in die Wipfel des Waldes schwingen wollte, um die ganze ihm geschenkte Freiheit zu erleben. Tief in mir spürte ich schon damals, dass jeder Gedanke fliegen kann, fliegen durch alle Räume und alle Zeiten hindurch in die ganze Weite und

Unergründbarkeit der Welt. Manchmal, wenn der Abend dämmerte, schaukelte ich ganz sacht hin und her, als wollte ich mich in den Schlaf wiegen und träumte mich hinein in die rosig angehauchte Blütenwolke des Fliederbusches neben mir. Seine winzigen Blütensterne waren aufgefädelt an enghalsigen lilafarbenen Kelchen, die sich zu traubenförmigen Dolden ordneten. Im aufkommenden Abendwind schwankten sie leise und wandelten sich zu einem nachtblauen Tuareg-Zelt unter der Unendlichkeit des überwölbenden Himmelszeltes. Wenn die ersten Sterne funkelten und ein bleicher Mond sein blasses Licht in den Garten warf, begannen die Schatten der vom Wind bewegten Sträucher und der zitternden Gräser leise zu tanzen, wie in einem lebendigen Schauspiel, gewoben aus den Träumen einer anderen Wirklichkeit.

¶ Wenn am Morgen ein frischer Wind die Kühle der Nacht noch länger bewahrte, setzte ich oft meine alte Puppe als Blumennymphe auf das gebogene Brett, das leise vor sich hin schaukelte und ihr ein kurzes, doch wundersames Leben schenkte. Stand aber die Luft wieder in windstiller Schwere über dem Garten, richteten die steilen

Gräser sich auf und wurden ein winziges Heer von erstarrten Zinnsoldaten mit spitzen Helmbüschen. Nun sah ich auch, wie kleine Käfer krabbelten und grüne Heupferdchen ihre Hüpfespiele flogen. Ich schaute zu, wie ein winziger schwarzer Käfer an einem Brombeerblatt hinaufstieg und sich wie eine reife Beere an die Unterseite des Blattes heftete mit krummen Beinchen voll spitzer Stachelhaken und glänzenden Kugelaugen.

¶ Die rechts von der Treppe sich hoch ziehende Gartenfläche stemmte sich mit ihrer dichten Hecke aus Hainbuchen und Haseln gegen den nachbarlichen Garten. Die vielen Bäume, die sich teilweise selbst ausgesät hatten, deren Zweige und Äste nie gekürzt oder in Form geschnitten wurden und von denen viele eine wolkige Höhe erreicht hatten, unterstützten den Eindruck einer eigenwilligen Wehrhaftigkeit. Die untere Terrasse, die sich an die äußere Gartenmauer anlehnte, wurde wie alle Flächen von einer Rabatte aus Buchs eingefasst, der, in keine Form gezwungen, sich in überraschenden Drehungen und Windungen zum einfallenden Licht ausstreckte. Davor lag wiederum ein schmales Band aus Kieselsteinen, das die mattgrünen Buchsbäumchen umschlang. Dahinter wuchs ein undurchschaubares Labyrinth von Schlingknöterich und Waldreben mit ihren wirren Federbällchen, die aus der Nähe wie ein nestartiges Geflecht aus kleinen Spinnenbeinchen oder Käferrüsselchen wirkten. Im Sommer wurde ihr wildes Wuchern durch den Schattenwurf von alten Obstbäumen gebändigt und im Herbst kämpfte es mit dem Blätterfall um jedes kleinste Fleckchen Licht. Im Frühjahr, wenn ein zarter Duft die Bäume umwehte, wurden die Blüten durch pollenhosige Bienen bestäubt, bevor sie als weiße Sternchen alles beschneiten. Wenn

im Herbst die saftigen Äpfel und süßen Birnen, die goldgelben Quitten und blauen Zwetschgen reif waren, lag ein fruchtig süßer Geruch über der feuchten Erde, in dem der ganze Reifungszyklus seine Spuren hinterlassen hatte. Sobald die Blätter zu Boden fielen und langsam vermoderten, roch es wie in einem indischen Teeladen nach Kardamon, Vanille und Zimt. Im Laufe der Jahre gab es niemanden mehr, der die reifen Früchte von den hohen Bäumen pflücken konnte, und so hingen sie oft noch bis in den Winter hinein wie kleine rote und gelbe Christbaumkugeln und Murmeln, verschrumpelten dann allmählich, bis frostige Stürme sie abstreiften oder weiche Schneeohren sie aufblähten. Jedes Frühjahr aber wurden die alten Recken durch einen Blütenschleier wieder verjüngt, der all ihre Starrheit besiegte. Im Sommer waren sie ein bewegtes Schattenzelt oder eine raschelnde Windharfe, wenn der Sommerwind in ihre Blätter griff.

¶ Die über dem Obstgarten sich erhebende Terrassenstufe war für mich ein Ort der Zuflucht und vertrauter Nähe. Hier schmiegte sich das alte, aus roten Backsteinen gemauerte Weinberghäuschen tief in den Hang hinein. Das Dach war mit unregelmäßigen alten Ziegeln bedeckt,

die aber inzwischen vielfach von grünem Moos überzogen waren, das seine zierlich ausgefransten Muster auf das warm leuchtende Ziegelrot tupfte. Es stand in zufriedener Behäbigkeit auf einem zweibeinigen Stelzgerüst, unter dem altes Brennholz aufgestapelt war, das im Herbst und Winter von kleinen Nagetieren bewohnt wurde. Darüber war ein ebenerdiger, mit Bretterwänden abgedichteter Wohnraum mit Tisch, Stuhl und einem alten Kanapee, das schon ganz verschlissen, aber immer noch sehr behaglich war. In der Ecke stand ein kleiner runder Kanonenofen aus Eisen, der an kühlen Herbstabenden den ganzen Raum mit seiner Wärme umarmte. Von dem zweigeteilten Fenster aus konnte man direkt in den großen Nussbaum klettern, der mit seinem mächtig ausladenden Geäst das ganze Gartenhaus beschattete und gegen jede von außen kommende Bedrohung abschirmte.

¶ Wenn die Herbststürme an ihm rüttelten und schüttelten, sprangen die reifen Nüsse aus ihren platzenden Schalen und purzelten polternd auf den Boden, als ob es eine Trommel wäre, auf der sie aufschlugen, und schon kamen rot- und schwarzbuschige Eichhörnchen angesprungen und verschwanden wieder blitzschnell mit der erbeuteten Nuss. Waren die Zweige und Äste kahl gefegt,

türmten sich die braun gefleckten Blätter zu kleinen Hügeln – Wärmespeicher und Schutzhöhle für Insekten, Igel und Erdkröten, die sich mit geblähten Hälsen und dicken Bäuchen unter den Wall aus welken Blättern duckten. Vorsichtig durchsuchte ich manchmal mit meinen Händen die Blätterberge, die ich für die Laubhütten der Kleinen Leute und für Wohnhöhlen von Zwergen hielt, mit denen ich so gerne gesprochen hätte. Wenn die trockenen Blätter sich aneinanderrieben, gab es einen klirrenden Klang wie von Gläsern, die gegeneinander stießen. Auf dem vom Nussbaum nicht beschatteten Boden hatten sich dunkelgrüne Efeuranken ausgebreitet, die sich immer weiter vorschoben. Von Efeu bekränzt und behangen wie Gott Bacchus, stand ein von Regen und Wind ausgewaschener, verwitterter Grenzstein verlassen, vergessen und ohne Bedeutung mitten auf dem Eppichteppich. Für mich war er zum Efeuknaben geworden, der mir wunderlich seltsame Geschichten erzählte von längst untergegangenen oder nie gewesenen Orten und Zeiten, oder er war der kleine Ganymed, der Mundschenk für olympische Götter. Wie war er in den Garten gekommen? Hatte ihn die Anmut der schöngezöpften Nymphe mit der Muschelschale angelockt – hatte er ihren Ruf vernommen oder war er dessen Echo?

¶ Auf seiner Rückseite hatte das Gartenhaus wegen der Hanglage einen ebenerdigen Eingang. Seitlich von der Eingangstüre stand das große graugrüne Regenfass, das mit zwei schwarzen Reifen bebändert und mit der geknickten Dachrinne verbunden war. Für mich aber war es oft beängstigend, besonders wenn es randvoll war, dann deuchte es mir, es sei ein Armreif von einem Riesen, oder der schwarz glänzende Wasserspiegel wurde zu einem drohenden Auge mitten auf der Stirne eines Zyklopen. Wenn einfallendes Sonnenlicht das Wasser weniger gefährlich erscheinen ließ, warf ich eingerollte dürre Blätterschiffchen auf das trübe Wasser und ließ sie als kleine Nachen im Kreise trudeln, bis sie sanken. Manchmal traute ich mich, aufgeschlitzte Stängel vom Löwenzahn behutsam auf die Wasserfläche zu legen, um zu beobachten, wie sie sich blitzartig ringelten oder zusammenschnurrten.
¶ Neben der Eingangstüre standen vor der durchwärmten Mauerwand vom beginnenden Frühjahr bis in den späten Herbst irdene Töpfe mit fremdartigen Kakteen. In Reih und Glied geordnet, von keinem Windhauch bewegt,

waren sie eine kleine Armee von grün bemäntelten Stachelrittern mit umsponnenen Helmen und spitzen Speeren neben farbenfrohen Blüten und Sternen, die wie mit bunten Orden leuchteten. Andere Arten, weiß betupfte Rundlinge, wie kleine Weltkugeln gefaltet, waren mit gelben Blumenköpfchen geschmückt, die sich wie eingefangener Sonnenstaub zwischen den Dornen ausbreiteten und von schimmernden Sommerfaltern umflattert wurden. Manche der Pflanzen verdickten sich handtellerförmig und endeten in kleinen geballten Fäusten oder langen Fingern. Andere wuchsen wie Gazellenfüße himmelwärts oder strahlenförmig in die Weite. Einige von ihnen waren geriffelte Pfeiler wie aus einer Kirche oder immer weiter wachsende Säulen vor einem verschwundenen Tempel. Am meisten liebte ich diejenigen, welche in elliptischen Windungen in sich selbst verschlungen waren und wie die Weltenschlange zu sich selbst zurückkehrten. Ich staunte, wie es ihnen gelingen konnte, in ihrem kreisförmigen Labyrinth den Weg zu finden zu neuem Wachstum. Immer aber wirkten sie auf mich wie treue Kameraden, und wer sie berührte oder ihnen zu nahe kam, wurde bedroht. Immer standen sie auf meiner Seite, denn sie hatten mein Eigenmaß von gewährter Nähe und gebotenem Abstand, oder hatte ich

mir das Ihrige zu eigen gemacht? Leise ahnend spürte ich – vielleicht zum ersten Mal – wie ich sie beim Betrachten umgestaltete und wieder neu erschuf, nachdem sie auf seltsame Weise zu einem Teil von mir geworden waren. So wurden sie für mich zur Mitte, zum geheimen Zentrum des Gartens, vielleicht auch wegen ihrer fremden Einmaligkeit und ihrer nur vorübergehenden Anwesenheit.

¶ Der spitze Dachgiebel mit seiner offenen Fensterluke war Wohnraum für die Fledermäuse, die abends lautlos durch den Garten flatterten und mich erschreckten. Manchmal hockten auch eine kleine Eule oder ein junger Kauz, vom nahen Wald angeflogen, in der Fensterhöhle und stießen ihre rauen, zitternden Schreie in den Garten, die an versunkene Glocken erinnerten.

¶ Die oberste Terrasse wurde von mir am meisten geliebt, weil sie mir über das rote Ziegeldach hinweg einen freien Blick zum gegenüberliegenden Wald schenkte. Hier wuchsen südländische Nadelhölzer, mit strengem, schwerem Geruch nach Harzen und ätherischen Ölen. Ehemals standen sie in lockerer Reihung in einer Linie, aber nur auf dem Erdboden geordnet und gezwungen, wuchsen sie dann nach eigener Willkür, nach eigenem Gesetz himmelwärts und klüfteten mit ihren engnadligen Zweigen die darüberhängenden oder an ihnen vorbeiziehenden Wolken. Dunkle, fremdartige Zedern aus Libanon, Zypressen, Pinien, Thuja und rotbeerige Eiben, Lebensbäume und Friedhofsgewächse standen Rücken an Rücken so miteinander verbunden wie Leben und Tod, Wachstum und Grab. Besonders die kleinen leuchtend roten,

kugeligen Beeren der Eibe lockten zum Pflücken und verbotenem Spiel. Gallertartig weich, doch giftig, mit einem schwarzen Loch in der Mitte wie die Einstichstelle eines Zirkels, hoben sie sich noch vom dunkelsten Nadelgrün ab und konnten nie übersehen werden. Zertrat man sie, knallten sie leise und bildeten auf dem Boden eine kleine klebrige Pfütze. In diesen düster wirkenden Nadelhain mit den seltsam klingenden Namen hatte sich für mich die ganze biblische Welt des Alten Testamentes zurückgezogen und gerettet. Salomonis Tempel mit seinen Zedern, die Arche Noah und die Bundeslade waren in ihn eingewachsen. Der Name der Thujabäume klang wie eine Verkürzung des himmlischen Hallelujah mit all seinen Versprechungen. In ihrer immer noch bewahrten Pyramidenform standen die Zedern und Pinien wie alte Grabwächter und hüteten aufrecht und schweigend die Gesetze und Gebote des Jenseits, ernst und bedrückt von der Schwere eines der Welt

verloren gegangenen Wissens, das sie noch immer weitertragen wollten. In windstillen Stunden waren sie schwarze Statuen aus dem Hades, ohne Sockel nur vom Erdboden in unverbrüchlicher Zuverlässigkeit gehalten und getragen, verewigt auf den eigenen Gräbern.

¶ An durchsonnten Nachmittagen, angefüllt mit grüngoldenem Licht, das von den tausend Nadeln gespiegelt und gebrochen wurde zu einem samtigen Glanz, den sie aufzuspießen schienen und dann in langsamer Hast in ihre Dunkelheit verschlangen, spürte ich ihren fremdartigen Zauber besonders. Wenn ich einen kleinen Nadelzweig abbrach, klebten ölige Tropfen zäh und fest an meinen Händen, als wollten sie für alle Ewigkeiten an mir haften.

¶ Im Herbst mit seinen hohen Himmeln und entrückten Wolken wurden die düsteren Zedern und Pinien zu lockenden Verführern, die flüchtige Sehnsüchte, kaum fassbar wie ein nächtlicher Traum, weckten nach fernen Reisen und Zielen, die im Nirgendwo endeten, weil nichts sie stillen konnte, Zugvögel die ins Nirwana flogen.

¶ Im Schatten dieser Bäume des Südens saß ich oft an regenlosen Tagen, träumend ohne Traum und wünschend ohne Wunsch, getrennt und vereint mit ihnen. Sobald aber dunkle Wolken am schweren Himmel aufzogen und Stürme die stillstehende Luft, die für mich wie ein Spiegel der verträumten Zeit war, aufwirbelten und beherrschten, schauderte ich vor ihnen wie vor einen tödlichen Krankheit. Ihr harziger Geruch wurde zu einem Boten, der Pestilenz und Tod brachte. Ihre Gestalten verwandelten sich

in graue Schemen, in schwindsüchtige Schatten, einem Sanatorium entsprungen, die am Leben vorbeizogen und es um ihre ganze Lebenszeit verfehlten. Ich fürchtete mich vor ihrem ausströmenden Geruch, ihren ätherischen Ausdünstungen, die wie ein Geisterhauch mich beatmen wollten in meiner leblosen Starre und Angst. Oder wollten sie mich ersticken, um mich als frommes Opfer in die andere, jenseitige Welt zu ziehen mit dem Gestank ihres tödlichen Giftes, abgesegnet in sternenlosen Nächten mit dem Zauber des Grauens? Nannten die Menschen sie Lebensbäume, weil sie auf ihren Gräbern standen, Leben und Tod vereinend im ewigen Leben? Ich floh vor ihnen und wühlte mich wie ein verfolgtes Tier in die aufgehäuften Hügel der herbstlichen Blätter, und ihr modrig-irdischer Faulgeruch, der mir wie eine mich wieder zum Leben erweckende Essenz, die Quintessenz des Lebens schlechthin, erschien, wurde zu einem balsamischen Duft, der mir Heilung von der tödlichen Krankheit bringen konnte durch seine erdhafte Nähe und Berührbarkeit. Ich ließ meine leblosen Hände durch die Blätter gleiten, als wären sie die Perlen eines Rosenkranzes, lieh mir von ihnen die Wärme des im Sterben wieder auferstehenden Lebens aller Natur und fand den Weg zurück, den Weg zu mir selbst.

¶ Der Erdboden unter den Nadelbäumen war mit Immergrün bewachsen, die mit ihrem eintönigen Grün ohne jede Blattschattierungen durch ihre Rippen und Äderungen die Mattigkeit der dunkelgrünen Farbe der immer gleichen Nadelspitzen wiederholten, so dass oben und unten zusammenfanden, als Schauspiel des Lebens erfahrbar wurden. In ihrer immer gleichen Farbgestalt waren diese Gewächse ausgenommen vom Rhythmus des Jahres, es schien, als ob hier die Zeiten ineinander mündeten, die fließende Zeit des Lebens und die zu ewiger Dauer geronnene Zeit, die mit ihren tödlichen Zeigern alle Stunden verschlang. Als ich älter wurde, erlebte ich, wie sich in diesem vergessenen Garten vergangene, abgelebte Zeiten

einen Lebensraum gesucht und bewahrt hatten, angefüllt mit lebendiger Unwirklichkeit und zeitloser Gestalt.

¶ Im Laufe der Jahre verwandelte sich auch der immer mehr vereinsamte Garten. Aus den Kleinen Leuten, den Zwergen, Gnomen und Trollen wurden olympische Götter, menschliche Heroen, Nymphen und Faune, aus kindlichem Spiel wurde der Traum einer Begegnung. So erschien mir später die schöngezöpfte Muschelträgerin als eine Tochter der Nymphe Kalypso, die einst Odysseus verführte. Vielleicht war sie auch ein Kind der Zauberin Kirke. Oder war sie als Kore die Tochter der Erdmutter Ceres oder einer Nymphe aus den tiefen Wassern Poseidons, vielleicht eine Tochter von Proteus dem Wandelbaren, dem alten Weisen am Grunde des Meeres? Vereinte sie in ihrer Muschelschale die Gegensätze von Luft und Wasser, von Geist und Tiefe? Sie konnte Durst und Begehr der aus ihr trinkenden Luftgeister und Vögel stillen, nicht aber ihr eigenes Verlangen, das als leises Rufen von willigen Winden hinübergetragen wurde zur anderen Seite.

¶ Auch der efeubehangene graue Stein, der durch Alter und Verwitterung die Gestalt eines Knaben angenommen hatte, wandelte sich vor meinen Augen. Er wurde vom Knaben zum Jüngling, zum Ganymed, dem

hermaphroditischen Mundschenk der Götter, zum lorbeerbekränzten Musensohn Apolls, dem Gott mit der Leier und im bockssprüngigen Tanze zum trunkenen Bacchus. Die fruchtigen Beeren des Efeus, der seine langen Ranken wie Taue und Seile ausstreckte, um neues Land zu gewinnen, wurden zu reifen Trauben am Weinstock, mit berauschend tödlichem Trank, und sterbend wurde der Jüngling wieder zum gütigen Hirten und zum Gott Pan, dessen liebliches Spiel auf der Flöte aber so schnell wie ein Sommergewitter in den Bergen wieder umschlagen und sich steigern konnte zum furchtbaren Bocksgesang mit dem panischen Schrecken im Beutel. Die dunklen Schatten auf den giftbeerigen Blättern des Efeus, einem Gewächs aus Trauer und Tod und dem hoffenden Grün, der Farbe des Lebens, legten sich in der Abenddämmerung auch über seinen steinernen Leib und wurden zu einem Band zwischen ewigem Schlaf und träumendem Leben. War nicht auch im bacchantischen Rausch, in der ozeanischen Flut der Ekstase ein schweigender Tod?

¶ Bei Sonnenaufgang nach mondhellen Nächten mit sternklarem Himmel vom zarten Dunst der Morgenröte behaucht, wie auch im Abendglanz der sanft sich neigenden Sonne, schien ein andächtiges Lauschen in nie geschaute Fernen den Efeuknaben zu bewegen. Konnte er den Ruf der Sehnsucht vernehmen, erreichte er den Träumenden? Wollte er sich verführen lassen von der

Tochter der Kirke wie einst Odysseus durch ihre Mutter? Konnte ihr verlangendes Sehnen ihn aus dem Paradies seiner Selbstverliebtheit locken, noch bevor er sich, wie einst Narziss, darin verlor? Hatte ihr kindlicher Sinn keine Furcht, dass er beim Anblick seines Ebenbildes im Wasserspiegel ihrer gefüllten Muschelschale für alle Zeiten versank? Noch niemals hatte die Rufende erfahren, wie seine Nächte aussahen, welcher Glanz vom bleichen Mondlicht auf ihm lag und ihn betörte. Mit wem konnte er sein Wesen teilen? Konnte er sehen, konnte er hören wie die schwärmenden Nachtfalter den Nektar, den

Göttertrunk aus den schneeweißen Blüten rüsselten? Sah er wie die spitzen Speere der blassen Gräser versuchten, die Dunkelheit zu durchstoßen, oder die glänzenden Beeren des Brombeerstrauches sich in ihrer Schwärze schwesterlich den dunklen Wolken der Nacht zuneigten? Konnte er in seinen nächtlichen Träumen die leisen Flötentöne von Gott Pan, dem Hirten vernehmen, die ihn zum hochzeitlichen Lager führen wollten? Wer konnte es wissen, wer konnte das Geheimnis der Nacht ergründen? Konnte Venus-Aphrodite, die Liebesgöttin, die als Abend- und Morgenstern die Nacht erhellte, mit ihrem Gürtel die beiden getrennten Flügel des Gartens, die auseinander gebrochenen Hälften der zerstrittenen Welt wieder einen? Hatte im Schoße der Nacht, im Schutze ihrer alles umfangenden Dunkelheit, das Echo der kleinen Nymphe seine Antwort gefunden? Schon damals ahnte ich, dass nur ein Liebender, nur die Liebe selbst eine Antwort geben konnte. Und heute weiß ich, dass ich diesen Garten liebte, ihn mit allen meinen Sinnen in mich aufgenommen habe und ihn weiter lieben werde, bis er, wenn alle Zeit erfüllt ist, zur Pforte des Paradieses wird. ¶

VERLAGSGRUPPE PATMOS

PATMOS
ESCHBACH
GRÜNEWALD
THORBECKE
SCHWABEN

Die Verlagsgruppe
mit Sinn für das Leben

MIX
Papier aus verantwortungsvollen Quellen
FSC® C004592
FSC
www.fsc.org

Für die Schwabenverlag AG ist Nachhaltigkeit ein wichtiger Maßstab ihres Handelns. Wir achten daher auf den Einsatz umweltschonender Ressourcen und Materialien. Dieses Buch wurde auf FSC®-zertifiziertem Papier gedruckt. FSC (Forest Stewardship Council®) ist eine nicht staatliche, gemeinnützige Organisation, die sich für eine ökologische und sozial verantwortliche Nutzung der Wälder unserer Erde einsetzt.

Alle Rechte vorbehalten
© 2014 Jan Thorbecke Verlag der Schwabenverlag AG, Ostfildern
www.thorbecke.de

Gestaltung: Finken & Bumiller, Stuttgart, Saskia Bannasch
Druck: Firmengruppe APPL, Wemding
Hergestellt in Deutschland
ISBN 978-3-7995-0437-9

Bildnachweis: Umschlagabbildung: iStock/ © Chris Rose; S. 3, 37, 57: © mauritius images/BY; S. 5: © mauritius images/Photo Alto; S. 8/9: © mauritius images/allOver; S. 10: © mauritius images/Nora Frei; S. 14/15: © mauritius images/Westend61; S. 17: © mauritius images/ib/Tony Hamblin/FLPA; S. 18: © mauritius images/Mode Images; S. 20/21: © mauritius images/ Ludwig Mallaun; S. 24/25: © mauritius images/Raimund Linke; S. 27: © mauritius images/Garden World Images; S. 29: © mauritius images/SuperStock; S. 30: © mauritius images/Uta und Horst Kolley; S. 34/35: © mauritius images/ib/allesfoto; S. 38/39: © mauritius images/Peter Oppenländer; S. 41: © mauritius images/ Gerard Lacz; S. 43: © mauritius images/ David & Micha Sheldon; S. 44: © mauritius images/Ute Franz-Scarciglia; S. 46: © mauritius images/Rainer Hackenberg; S. 49: © mauritius images/ib/Reinhard Hölzl; S. 52/53, 59: © mauritius images/ Pixtal; S. 62/63: © mauritius images/ Catharina Lux.

Wir danken den Rechteinhabern für die freundliche Genehmigung zum Abdruck.

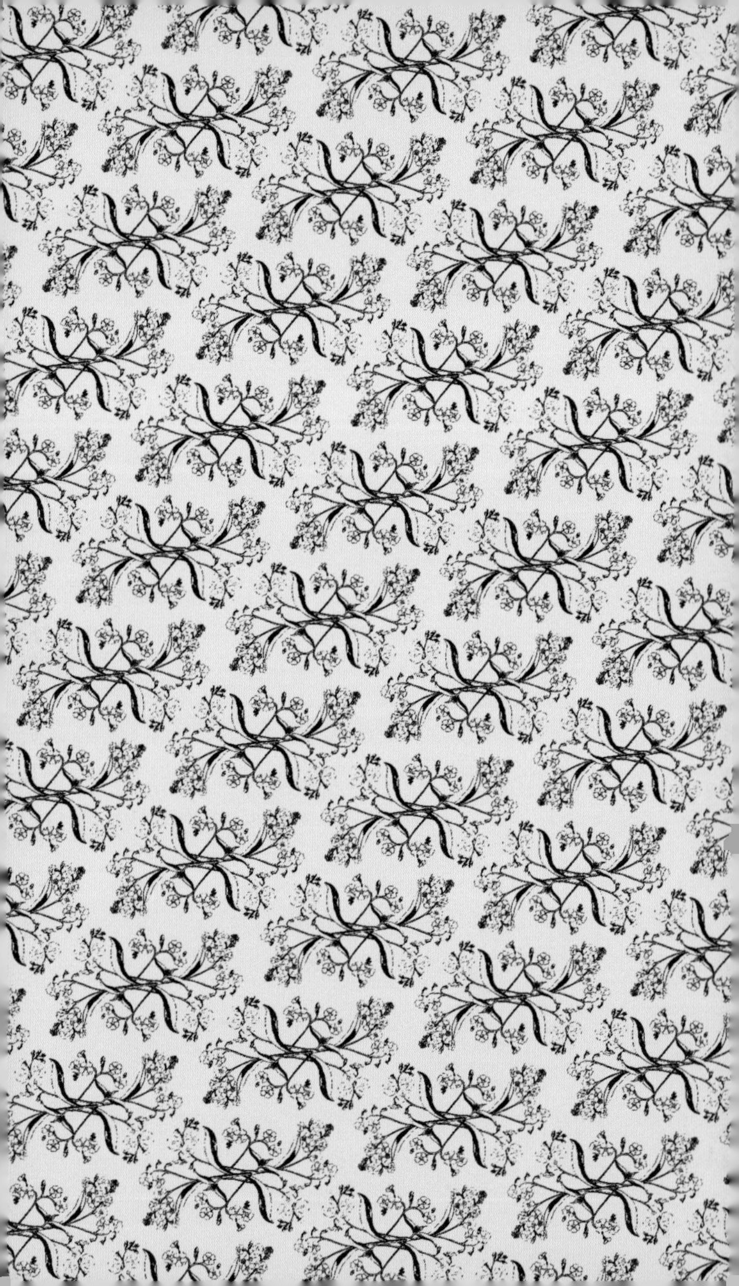